BALADAS BALADÍES

ISBN: 978-958-48-9071-9

© John Gómez
@soyjohngomez
e-mail: johngomez.mtz@gmail.com

Editorial Sátiro, 2020
@editorialsatiro
+57 312 4780169
e-mail: editorialsatiro@gmail.com

Prólogo: Jorge Andrés Garavito Cárdenas
@escrividente.exe

Carátulas: Daniela Rangel
@daarsp.93

Ilustraciones: Chica Vinagre
@chicavinagre

Hecho el depósito legal.

Esta obra se imprimió en el taller de la Imprenta Comunera, en Cali (Colombia). El proceso de encuadernación es artesanal. El papel es libre de cloro y no contaminante.

BALADAS BALADÍES

John Gómez

Editorial Sátiro

2020

"El mundo es un absurdo animado
que rueda en el vacio para asombro de sus habitantes".

Gustavo Adolfo Bécquer.

LA COSTRA BUMANGUESA

Bucaramanga siempre ha sido una ciudad queloide. Siempre. Llevo escribiendo de lo mismo mucho tiempo y aún no agoto el tema (aunque agotar no es la palabra precisa porque lo siento como una sed que no se sacia, como un hambre que no para). Bucaramanga es una ciudad queloide. Ahora veo que sus calles han tratado de tapar sus heridas sobre la gente, volviéndola parte de esta membrana costrosa, de esta costra lenta, viva, devoradora. Una costra gruesa, melancólica. Como la de la rodilla de Homero Simpson cicatrizando sobre la mano de Rafa Górgory. ¿Han visto esta enfermedad que nos convierte en árbol? Búcara es peor, esa misma costra te termina haciendo poeta.

En Baladas Baladíes el cinismo canta. Canta sin ritmo. Con palabras casi robadas, con melodías conocidas. Canta sin ritmo. Canta con retratos. Canta desde una voz en falsete. Una voz ajena, ronca, rota y rabiosa. Y lo hace para reír. Canta riendo el hombre que se despide de la habitación vacía que quedará siendo todo este tierrero. Canta riendo un animal gordo y metafórico del miedo heredado (infectado, sufrido, inyectado) de la mafia. Cantan riendo esas calles que son mis heridas y en su voz sangrante corto las venas largas que le han nacido a mis parpados. Cantan los espacios huecos y recuerdan lo patéticos que somos —adolescentes por dolor y por vacíos—. Blanco-blanco el doloroso color que llenamos con mentiras televisivas.

Cantan virus orientales, esperanzas diminutas de muerte que respiro entusiasmado mientras escribo esto, mientras tú me lees, mientras esperamos que algo pase: algo más entre rimas ruidosas, confusas, cacofónicas, caóticas, estridentes. Algo más que invasiones lacayas fallidas. Algo más que el robo descarado de lo que nos queda (¿qué nos queda?). Algo más que el aumento del fascismo que jugamos a ignorar. *Ya nadie mira bajo la cama antes de dormir.*

Una balada bumanguesa que grita con descaro que el punk siempre ha tenido razón. Colombia te niega el futuro. Acá solo sirves para enriquecer a la mafia. La mafia que secuestró la institución, que secuestró el sentido común, la realidad, el futuro. Que secuestró el derecho a vivir. Una balada del conocimiento vendido como sexo de esquina. Prostituyes el conocimiento, el pensamiento, banal, como adorno inútil, como placer morboso.

Cómodos ataúdes para sentarnos a vernos morir.

Cantas acá para mentir, poeta, para engañar, impresionar, seducir.

Lento.

Cantas para soñar que eres un médico, bandido, pandillero.

Para formar una pandilla de médicos.

Medicando la muerte en cómodas cuotas que pagas con el resto de tu vida.

Es emocionante saber de la nueva literatura santandereana. Tan independiente, tan gritona y creativa. Es emocionante ver tantas editoriales disputándole el monopolio a los vampiros multinacionales. Siempre he creído que nuestro deber es liberar la poesía secuestrada por las élites necrófagas. Esas que quieren que la gente solo lea por apariencia, por pedantería y esnobismo. Que solo lea a muertos que les asegura grandes ganancias, y nada que subvierta el control. Pero acá estamos los autores que nos atrevemos a patearles su juego, a quitarles el balón y pelear por la cancha. Acá estamos los cínicos, y saludo con emoción esta nueva oleada colombiana, tan valiente y decidida a no dejarse comprar por el brillo falso de la falsa globalidad y el apoyo al silencio. Saludo con violencia esta literatura sangrienta y espero que se propague como un virus, que no exista confinamiento capaz de frenar su pandemia. Estas apuestas son nuestras batallas y sus cabezas, lectores, son nuestra disputa. Ojalá nos llenemos de poetas. Que cada uno se atreva a escribir su propia poesía, su propia novela, a narrar su calle, su drama, a negarse a morir en silencio. Que de nadie puedan ya decir *ese no dijo nunca nada*. Que todos narren su propia Biblia *(en la mía cristo muere degollado y todos cargan patecabras en el cuello como símbolo sagrado)*.

Saludo el nacimiento de estas Baladas Baladíes, el nacimiento del Sátiro, otro militante de la poesía viva, real, de la calle y su gente. Gracias, nos vemos en las trincheras.

Jorge Andrés Garavito Cárdenas.

Bogotá, mayo de 2020.

LA BALADA DEL BANDOLERO

Me gustaría ser médico

para disparar mi revólver todo el día.

para suturar heridas de arma blanca.

para recetar lo mismo. una y otra vez.

para verme cara a cara con el destino.

para. una y otra vez. recetar lo mismo.

para suturar heridas de arma blanca.

para disparar mi revolver todo el día.

me gustaría ser médico.

Y me gustaría ser médico

para militar de noche por la gran ciudad.

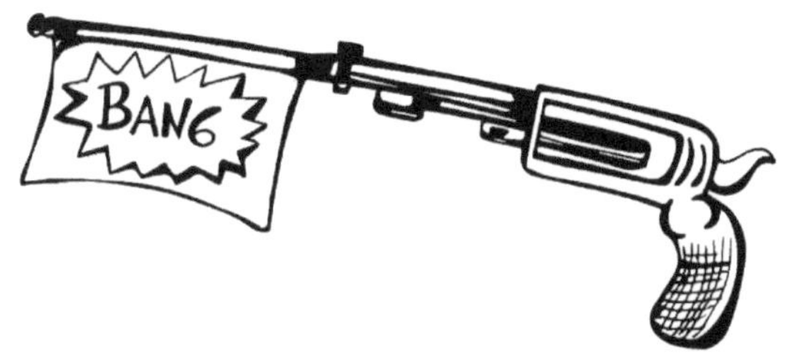
BANG

LA BALADA DEL POETA

Dame una palabra para hacerte un poema:
una oda a tu belleza.
un soneto romántico.
un haiku para tu intelecto.
unos versos sáficos y eróticos.
de ocho. diez. doce sílabas. catorce
—dime qué tan grandes los prefieres—.
con rima asonante y moderna.
y metáforas de ingenio.

Dame una palabra para hacerte un poema.
que te traigo ganas.

LA BALADA DEL FILÓSOFO

Puedo recitar los "Diálogos". de Platón.

la "Ciudad de Dios". de San Agustín.

"El Príncipe". de Maquiavelo.

"El Anticristo". de Nietzsche.

"El Leviatán". de Hobbes.

"El Capital". de Marx.

"El ser y la nada". de Sartre.

"Ser y Tiempo". de Heidegger.

o "Vigilar y Castigar". de Foucault:

puedo recitar lo que sea

si me pagan.

LA BALADA DEL FUTURO

El futuro es de todos. sí.
pero no de los líderes sociales.
ni los excombatientes.
ni los estudiantes.
ni los migrantes.
ni los indígenas.
ni las mujeres.
ni los trabajadores.
ni los pensionados.
ni los que usan Metrolínea.
ni los que usan los bienes públicos.
o la educación pública.
o la salud pública.
o nada público.

"¿Y de quién es el futuro?"
se preguntan nuestros muertos.
en algún lugar de la memoria.

LA BALADA DE WUHAN

Cuando un virus vacaciona
usualmente va a la China.
porque en China.
con los chinos.
estos virus
viven bien.
Y este virus. cuando vuelve.
siempre trae souvenirs:
otros virus comunistas
que. escapando de la China.
van a dar a otro clima
que se vuelve el ideal.

Pobres chinos en la China
incubando tantos virus.
ellos. muchos. y nosotros.
que somos más bien pocos.
muriendo lentamente.
mientras flota en el ambiente
mucho virus. ahí latente.
mucho chino y poca gente.

LA BALADA DE LA MUJER LIBRE

A mí no me quieras con locura

ni me quieras como a nadie.

no me digas que sin mí

no puedes vivir.

que te matas.

o me matas porque no me tienes.

que soy solo tuya.

que tú eres mío.

o que el mundo es mío

porque me lo quieres dar.

A mí no me quieras

con amenazas veladas.

directas. o indirectas.

que no soy responsable

ni de ti.
ni de lo que piensas.
ni de lo que sientes.
ni de lo que quieres.
ni de todas tus excusas.
ni de todos tus desmanes.

Por eso es mejor que no me quieras.
pues quizá yo decidiré quererte
pero solo si a mí se me da la gana.

LA BALADA DE LA AUSENCIA

Preparamos la casa
para nuestros amigos.
Los trastes viejos
los escondimos en el cuarto
de los chécheres.
Las telarañas
las deshicimos a escobazos.
Barrimos debajo de la alfombra.
Limpiamos las paredes
para nuestros amigos.
hasta que el blanco-durazno
se volvió un blanco-hueso
y luego un blanco-blanco.
Encendimos la TV.
Vimos, sin ver, las noticias.

Escuchamos las sirenas.

Luego, más sirenas.

Después, el silencio.

Lavamos la ropa sucia.

Confundimos el sonido

de la máquina

con el de los helicópteros.

El televisor escupió un par más

de mentiras.

Decidimos que estaba listo:

que la casa estaba lista,

que nosotros estábamos listos

para nuestros amigos.

Esperamos largo rato,

sentados en la sala.

Preparamos la casa,

nos preparamos con la casa,

nunca llegaron.

LA BALADA DEL CAMINO

Aprendí a pensar en el camino.
a querer en el camino
y a soñar en él.
La vez que di mi primer beso
fue en el camino.
y mi primera discusión llegó
a pasos lentos y entre lágrimas.
Curé las plantas de mis pies
—así como mi corazón—
a lo largo del camino.
y llevé con orgullo la mirada de los otros.
de todos aquellos que me vieron pasar.

Por eso ahora. aislado en el silencio.
no puedo hacer más que pensar en el camino.
en recorrerlo a tientas
—como los fantasmas y los niños—
queriendo fundirme. lentamente.
en la huella de mis pasos.

LA BALADA DE LOS QUE NO DEBEN SER NOMBRADOS

De las aguas emergen,
destrozando las barcas,
los cultivos,
los aparejos,
los pescadores:
llegan sin invitación,
durante días enteros,
y se multiplican por miles:
se vuelven el terror
de campesinos,
y pobladores,
amenazan a la gente
a lo largo del Río
—del Magdalena—.

se hacen sentir.

marchando.

con la mirada enfangada.

apoderándose de todo.

violentamente.

pesadamente.

salvajemente

se apoderan de todo.

se hacen con el mundo.

se disputan el mundo entero.

los hipopótamos.

LA BALADA DEL ÚLTIMO HOMBRE

El último en morir

por favor que apague la luz.

que salga de la ciudad gris.

que vaya a las montañas

y respire el aire frío de la niebla.

que se quede allí el día entero

contando pájaros.

sintiendo la lluvia caer.

que pruebe a contar también

cuántas casitas devora la hiedra

y le declame un par de poemas al eco.

que tararee una canción aprendida

en la niñez.

una copla o un refrán.

de esos que enseñan los abuelos.

y le pida perdón a los bichos.
a nombre nuestro.
Y por favor que apague la luz.
que cierre la puerta con cuidado
de una vez y para siempre.

JOHN GÓMEZ
(Bucaramanga, 1988)

Magíster en Filosofía y Escritor. Director de la plataforma cultural *Alter Vox Media*. Obtuvo mención de honor en el Certamen Internacional Hacia Ítaca 2017 (Mar del Plata, Argentina, 2017), ganador del 9° Concurso Nacional de Cuento RCN-MEN (2015), finalista del III Premio Nacional de Cuento La Cueva (2014) y segundo puesto en el Concurso Nacional de Poesía Café Converso Ciudad de Bucaramanga (2012).

Autor de *XIII* (Fallidos Editores, 2019), *No te creas poeta* (Cínica Editorial, 2019), *Fantasmas* (Dosis Mínima, 2020) y *Baladas Baladíes* (Editorial Sátiro, 2020). Hizo parte del I y II Encuentro Internacional de Poesía en Bucaramanga (2013-2014) y del I Encuentro Internacional de Poesía Emergente en Aculco, Estado de México (2017).

VANITAS VANITATUM
OMNIA VANITAS
2020